MARK THOMSON was born in I [...]
30s. He left school at 16 and [...]
factories and as a labourer. In [...]
everything that had always go[...]
went on around about him, in t.. ...., in the pubs, in the city
centre and on the streets. Once finished, he knew he could never go
back. His poetry is a testament to his passion for and love of
Dundee, its people and its language.

This is Thomson's second collection, following on from *Bard fae
thi Buildin Site* (2007). He is a performance poet, regularly appear-
ing at events and festivals around the country, as well as taking his
work into prisons and schools. He now lives in Kirriemuir.

Book group discussion notes and information sheets for history
teachers and their classes available from www.luath.co.uk.

Thi 20:09

*A bus fu we past an present generations
that huv shaped oor nation*

MARK THOMSON

Luath Press Limited
EDINBURGH
www.luath.co.uk

To all Scots past and present.

First published 2011

ISBN : 978-1-906817-75-6

The publisher acknowledges subsidy from

ALBA | CHRUTHACHAIL

towards the publication of this book

The paper used in this book is recyclable. It is made from
low chlorine pulps produced in a low energy, low emissions manner
from renewable forests.

Printed and bound by
Bell & Bain Ltd., Glasgow

Typeset in 11 point Sabon
by 3btype.com

Contents

Introduction

This book came about after a conversation between me and my wife on a Friday night in December 2008.

Whilst sitting in front of the fire in Kirriemuir, I was thinking of writing a poem about the Homecoming year – the 250th anniversary of the birth of Robert Burns.

But as 2009 was a special year, I thought that I should do him some justice.

I thought of a fantasy football team and I made Alex Ferguson the manager, and got to wondering who was in the team.

It was then that I looked on my desk and there was a book of 100 famous Scots.

So I had my team. Originally I tried to get them all on a plane, but it was too expensive, so they ended up on a Strathtay bus, and I nominated myself to be the driver.

Well it was only meant to be two or three pages long but it ran away with me and I ran with it. I was in a bubble for about three months surrounded with 24 iconic Scots. In my head it was amazing, and this is the end result.

As always I could not have done this alone so there are people I would like to thank. Kim Cessford for the photographs on the front and back cover – thanks a million Kim. And Neil Paterson for the illustrations, the most talented guy I know (sorry for nicking your bus for the pictures!!). No disrespect Kim. And Rachel for putting up with my tantrums, rants and drunken nights as part of the process.

And lastly, Luath Press for getting this to print.

Ti Buchanan Street Bus Station

Eh hid thi pleasure o drehvin hame thi 20:09
ti thi station.
This bus wiz fu we past an present generations
that huv shaped oor nation.

A rite rowdy bunch,
whar pusses wir punched,
an war wiz declared.

O but this journey,
this journey, canna be compared.

Yi see, thi wir ah cumin hame fir a birthday bash,
sum bold, sum brash, sum hid spilt blood,
sum hid bled in thir tears.

But this is thi tellin, this is thi year!

On this bus wiz Scotland's cream –
niver mind thi whisky.
Thir wiz rogues, heroes, kings an queens
writers, fighters an pure delighters.

Thir wiz twa o them that claimed thi back saet,
thi gave me a roastin fir bein twa minutes late.

Thi got on at 1274, Eh kent thir wiz gonna be trouble
as soon as Eh let them through thi door.

Thi King o Scotland, Robert thi Bruce,
said he wiz back lookin fir thi Bishop o Wishart,
back ti settle thi truth,
an back we thi best o his troops.

Sat nixt ti him wiz a boy cah'd Wallace,
wha wiz causin an affy stramash,
he said wiz lookin fir Mel Gibson,
fir makin him look such an arse.

O they twa, they hid war in thir paths,
so Eh hid ti think twice aboot throwin them aff.

Thi wir sittin swickin, drinkin an playin cairds,
we John Logie Baird,
ken thi boy wha invented thi box.
Sat we him wiz Alexander Graham Bell,
thi boy wha revolutionised how we talk,
(beam me up Scotty, a message fae Spock).

In 1847 he rigged a line straight ti heaven,
that's whut he done fir a livin.

Telt ah-buddie ti rally roond, an jump on thi 20:09,
it wiz time ti go back doon, an stretch thir shanks,
an show sum face, an ah star cast,
a pure Scottish race.

Sir Alex Ferguson organised thi team, an how's this
    fir a dream:

Sat we King Kenny Dalglish an Rikki Fulton,
thi head o thi traffic police,
he got on at Stirling,
he's oot on release.

Thi wir ah laughin aboot when Sir Alex
kicked David in thi teeth, an how Victoria
gees him nuthin but grief.

Sir Matt Busby says, 'He wid be better aff playin fir Crief.'
An Big Jock Stein says that 'David wid
niver suit thi green,
he's nuthin but a drama queen,
Eh wouldna hae him anywhar in meh team.'

Bill Shankly says, 'He couldna play fir thi raed an white,
coz he canna even talk rite.'

So, they wir ah bletherin awah,
when Eh seen in thi middle o thi road whut looked like
    sum snah.
So Eh gently put meh fut upon thi brake,
an meh very een deceived me,
that snah wiz fake.

It wiz a sheepskin, we a queer lookin chin,
an a breast like a pigeon's, ah covered in tartan.

Then it moved on a pair o buckled shoes.

Thi boy Wallace shouts,
'Kill it, skin it, drah an quarter it,
it's a raed coat under cover –
huz any-buddie seen meh claymore?
Drehvir, let me through that door.
Battle stations boys, seek an destroy.
Gee yirsels a shack, an mak sum noise,
this is ane o Edward's ploys.'

But then thi skin fell aff,
an there stood Rob Roy MacGregor in oor path,
soaked ti thi bone an drookit –
sum wid say crookit?
But ah thi same, still drookit.

'Whar ir yi goin Roy, yi'll catch yir daeth o cald,'
shouted Alexander Fleming,
'on a dreich nite like this,
thi winds blahin a gale.
Eh've got sumthin fir yi here,
Eh'll drap it in a jar o ale.
Yir lookin affy peelie-wally
jump on thi bus an hae a swally.

Wir ah goin hame, we've tane thi Stagecoach,
cos we couldna afford thi plane.'

'Ah rite boys,
good ti see yiz,
Eh thought Eh wiz niver gonna git a break,
ken, eftir a few honest mistakes.

An see that Duke o Montrose, Em gonna brack his nose.
Whut a bam, he stole ah meh land,
then cah'd is an ootlah.
That man is gonna fah,
ren, sleet or snah.'

So him, thi Bruce an thi Wallace did embrace,
treated him like a laird,
an delt him in, we a hand o cairds,
an thir problems wir shared.

Sir Alex wiz ragin, an said thir wid be nae mare drinkin
at thi back o thi bus.
Thi ah jist laughed, an Benny Lynch
telt him ti 'shut his puss'.

Benny coulda tane yir haed rite aff yir shiders
an left yi in thi bonnie bloomin heather.

'Wir aff ti Skye ti pick up Flora Macdonald an Bonnie
    Prince Charlie,'
said Billy Connolly,
an thi hail bus agreed, strongly.

So thi Big Yin entertained us pert o thi weh,
coorse an crude, an far fae shy.
He certainly didna bore us,
an thi Reverend Eh Am Jolly
wiz ready we chorus.

Sir Walter Scott then hid a thought on a Scot,
he reckons that Sean Connery his lost thi plot,
livin ah cozy in Spain, whilst dealin in politics
ah fir his ane gain.
So we ah decided that he canna call Scotland his hame,
an he got banished ti thi front o thi bus,
Donald Dewar telt him ti 'shut his puss',
an ended his political gush.

He only had a pair o double o nuthins,
Donald had a flush,
he telt him,
'Awah you and leh in the sun,
an dinna cum back until yiv got a run,
in fact, mak it a while,
Sir Sean, you need a prial.'

O whut a stooshie that wiz kickin aff,
it wiz gitin really bad.

Then Eh noticed a boy
etchin on a pad, we ink an quill,
chucklin awah ti his sel,
his moments seemed niver dull.

Eh'll keep an eye on him, so Eh will!

It wiz that eerie oor on that road up ti Skye,
thi heavens opened an Eh swear thi wir roarin,
even a child wid understand,
thi deil hid business in hand.

When drouthie neebours drink divinely,
an blindly tak heid,
conflict will occur unkindly.

Thi Conductor came on at Dalwhinnie,
an no, it wizna John Swinney.

He came in thi shape o Gordon Broon,
texture like sun, an looks like nae fun,
lookin fir ah-buddies tickets.
Then he accidently mentioned taxes,
thi Bruce an thi Wallace reached fir thir axes,
an pair Gordon wiz left
tactless, factless
an split like an atlas.

Mary Queen o Scots wiz goin aff hir haed,
an believed every word that Gordon said.
Shi sympathised,
shi kens whut it's like ti be telt lehs,
fae yir closest allies,
hir heated debates, an talks we John Knox
he wiz a Protestant an she wiz a Catholic,
it's niver a good mix?

So hur an Gordon sat doon an spoke politics,
shiz actually quite a cool lookin chick,
an it wiz a great laugh watchin Gordon
trehin ti be slick.

Then Jackie Stewart owned up fir bein dyslexic,
but aroond thi track, he didna miss a trick,
but when at thi skail, he got classed as thick.

He wiz trehin ti tell me how ti tak thi bend,
he wiz doin meh haed in,
Eh thought his advice wiz niver gonna end.

'If it wizna fir me, you widna be here',
so Eh tane meh line, an gently Eh did steer.

But still he wiz barkin in meh ear,
So Eh telt him, 'Dinna tell me how ti drehve
this bus' followed up beh
'Shut yir puss',

an thi hail bus did cheer!

Ah thi boys fae thi back,
cut me sum slack,
an thi boy Wallace
came doon, an gave is a pat on thi back,
that man's hand, Eh did shack.

Ah kiddin aside, meh hert wiz filled we pride,
thi hail bus felt like meh insides,
an threw passion in meh stride.

Charles Rennie Mackintosh swaggered aboot as if he wiz
    a toff,
we a dodgie pair o blue breeks hung apon his hurdies,
we thi hair ah slapped an styled,

an a funny we mouser on his dial,
an a sleekit lookin smile.

He thought he wiz erch,
so thi sat him on thi haed rest fir a perch,
an thi Bruce messed up his hair,
an delt him in fir a geem it cairds, fair an square.

'Rite lads an lassies, wir nearly there,
it's time, last hand it cairds.

Wir cumin up ti thi last stop on thi hame straight,
cheers fir yir company, yiz huv ah been great.'

Then Eh seen a funny wee man, claimin ti be
Peter Pan, Tinker Bell an Captain Hook,
an thi rest o thi bus gave him a queer lookin look.

So Eh checked his ticket
ti see if thir wiz a mistake.
'Your actually on thi 20:10,
Em sorry mate,
but yir gonna hae ti git aff.'

Eh must admit, we ah did chuckle
an it trickled into a laugh,
'Eh'll pick yi up in a year's time,
an gee yi a chance, ti write thi next line.'

O whut a journey this his been,
Eh canna believe ah thi faces
that Eh've seen.

Then Eh wiz jist awah ti pull inta Buchanan Street,
when oot thi blue, thi boy we ink an quill
stood on his feet.
Now this journey is near complete.

He addressed this hellish crowd,
We 'shut yir pusses' resounding aloud,
an here's whut he hid ti say.

'Fellow immortals, an mere companions,
let us stand like stallions,
an hing Scotland like a medallion
an embrace oor hills an glens,
fertile lands an best laid plans.
Let nae man nor baest spoil yir dreams,
whether yi be a rogue, a hero, a king or a queen.'

'Let us laugh in thi face o adversity
an be proud ti call Scotland oor university.
Let us converse in oor ane tongue,
on meh anniversary'

'So coup yir heads in yir bonnets
fir hearin oot this auld Scots sonnet,
tint yir reasons ah thi gither
an lets hear it fir thi drehver,
fir pullin us ah thi gither.'

'Let's git fu in thi nappy,
an Gordon, treh an look happy.
Let's cut sum carpet in thi toon,
you're on thi first roond.

Em no swallin ah this nonsense aboot thi credit crunch,
its your joab ti feed an watter this bunch.

So lets git planted aroond an ingle-stane,
love yir neeburs as if thi wir yir ane.
Lads an lassies –
it's bra ti be back hame.'

BY MARK THOMSON
December 2008
Tam (Hogmanay): Welcum hame Rab

Robert thi Bruce

A man eftir meh ane heart

Well Robert hid a few scores ti settle afore
he could rest in peace.
Dunfermline Abbey is whar he left his soul,
his journey wid start there,
an maybe again in Scotland
he wid be back in control.

(A man eftir meh ane hert.)

He asked wha wid go we him?
Up stepped Bonnie Prince Charlie
an Flora MacDonald,
said they wir still in danger on thi mainland.
Well Mary Queen o Scots said 'No,
let's mak a plot an a plan!'

Thi Bruce said, 'That's how you lost yir haed mi lady,
lose they thoughts if yi can.'

Thi Bruce wiz needin back his hert,
as it lay dormant in Melrose Abbey,
fae his boadie it wiz apert.

Bonnie Prince Charlie wiz still dressed up
in wumman's clathes.
He said it wiz jist a phase,
an kept complainin that his corset wiz too tight.
Thi Bruce hurtled words at him, an sum wir less polite,
an he withdrew his invite.

Flora wiz still ragin at Charlie tae,
fir gittin hur a year in thi jail.
He never even wrote hur a letter,
but got pissed in Rome on wine an ale,
an left Betty Burke on Skye
whar thi Jacobite rebellion did die.

Thi young pretender fought his demons
when on a bender,
an niver returned back ti sender.

Thi Bruce made up his mind there an then –
his hert wid be back in his boadie by thi weekend.

Mary wiz still fizzin,
an a hard time she wiz giein him.
Well thi Bruce couldna be bathered
we ah this religion that led ti hur cull,
he said that she wiz a liability, an refused
thi responsibility.

Thi Bruce wid mak his journey on his ane,
we nae wumman there ti complain.
This wiz a personal crusade,
back ti whar his hert an boadie
wir laid.

Charlie wiz pishin in thi wind an wizzna
fit ti be a king,
an in Rome, thi Flower o Scotland
he couldna sing.
Thi young pretender bowed oot,
ding, ding.

Flora went back hame ti Skye,
an left Charlie oot ti dry,
as happy as larry, awah hame ti see hir pals –
thi hid a ceilidh planned.
It wiz there shi left Charlie,
an fir thi final time,
shi kissed his hand.

Thi Bruce an Charlie made a truce,
he wiz genuinely full o remorse.
But mare importantly
he wiz needin a horse,
didna trust public transport,
an hid niver heard o an airport.

Headed inta thi nearest nappy
lookin fir a mare,
Eh've niver seen a man receive such stares.
Ah thi punters in thi boozer
thought he wiz a loser,
until he drew his claymore,
then they kent thi score.
Within ten minutes, a pint an a wee low flyer,
thir wiz a horse it thi door.

Thi Bruce mounted his baest
once again doon ti Melrose ti
try, try, try again.

BY MARK THOMSON
March 2010
Wednesday, 20 to 2
Tam: Scotland ya bass!

Wallace Goes ti Hollywood

It wiz bad enough
endin up at Buchanan Street,
but it wiz Mel Gibson
wha he whanted to meet,

ti put thi story straight.
Ken, his accent wiz horrific,
or as we wid say in Scotland
'no that great.'

'He made me oot ti be a peasant,
which Eh dinna find that pleasant.
Eh wizna brought up in the middle o a glen,
meh fathir wiz a laird,
wha hid a hert an cared.

He said, 'Meh son, yir morals kin be sympathy,
but thirs nae better gift
like yir liberty.
So dinna live in slavery,
stand yir grund an
show them yir bravery.'

Mel got it in the wrang vein,
they never fought on a field,
it wiz in Stirling,
fought on a shooglie bridge,

whar thi trampled on ane anither,
tactical tig,
a well executed plan,
death on a brig.

But thi Wallace is haein an affy bather
gettin a passport,
he's got an ootstandin extract warrant
fae thi Inglish courts.

'Gordon, kin Eh no say that Eh'm bidin we you
an we'll owercome this political spew,
kin yi no put me up,
as ane o yir motley crew?

Kin yi no gee me that diplomatic immunity
efter ah, Em a pillar o thi community.'

So Gordon, bein on thi ropes,
had a wurd we thi Hame Office
we nae minutes, nae notes!

Thi agreed to put it ah on thir expenses,
and sent Sir William on his adventures.

Thi Wallace got wind that Mel wiz on
set in Hollywood.
'Eh'll show him a lethal weapon
if its my taes he whants ti step on.'

Thir wiz a problem we metal detectors
in thi airport,
his chain mail
kept goin aff.
So he hid ti go through in his undies and tak ah-thin aff.

He forgot he hid political clout,
an he knocked ah thi security guards clean oot.

Then he jumped in a yella cab
like a man possessed,
we a endless itch,
Mel wiz thi scab that wiz needin picked.

Thi Wallace arrived on thi set
an got speakin ti thi rest o thi cast,
telt them he wiz back,
ti settle thi past.

Mel wiz shootin his last scene
when thi Wallace burst on
an said,

'O here, Eh whant ti see you
yi drama queen.
It should huv been a Scotsman
that played meh pert,
an no an Ozzie
we only half a hert.

Yir accent wiz pish
an yi telt thi story wrang,
so Eh'm back ti rite yir wrangs.'

'But Sir William,
in all fairness
it was a box office hit.'

'Oh is that rite,
well then thi royalties
we will split.
Yir due me, sunshine,
an we'll forget aboot your dodgy lines.'

Thi last Eh heard
there wiz reports on thi headline news
aboot a man
on a horse
in tinseltoon
runnin amok,
that's oor loon,
Bravehert II
comin soon.

WALLACE GOES TI HOLLYWOOD

BY MARK THOMSON
March 2009
Tam: Whut an affy man!

Thi Baird an Thi Bell

John Logie Baird an Alexander Graham Bell
headed doon ti Sauchiehall Street,
thi wir amazed how fowk dressed
rite doon ti whut thi hid on thir feet.
An bein quite peckish thi went fir sumthin ti eat –
a stranger couple yi couldna meet.

Thi stopped a stranger
an asked if there wiz a place nearby fir nourishment,
an that punter sent them ti thi Orient.

'Aye, yil git a curry jist doon there,
jist aff o George's Square.

Here lads, got any fags?
Em a but broke
an dinna hae nae smokes. Ken, it's jist money fir auld
    rope,
an Em no bein funny, but Em quite
happy ti tak thi money.'

So aff thi went ti whar they hid been sent,
this place o nourishment
an left that punter we thi dodgy accent.

John then stood in awe,
an his very een couldna believe whut he saw.
'Alexander, there it is there.'
Thi twa o them stood and stared.

Currys in lights!
A sight longin ti be seen,
a six fut plasma screen,
thi invention o a dream.

So like a magnetical force,
thi twa o them gon forth,
Alexander an John wandered into thon
like in a crystal maze,
in a star struck gaze,
like listenin ti Jimi Hendrix
in a purple haze.

Thi assistant wiz a cheery lookin chap
we 'Currys' embroidered upon his tap,
an a dodgy lookin haircut,
an lookin pure oot his nut,
we a different shoe on each fut!

'Can Eh help you gentlemen?
Ir yir lookin fir any-thin specific?
We've got a great deal on thi plasma screen,
it's terrific.'

John then replies 'Eh invented that, Eh never kent or
    dreamed it wid turn oot like that.'

'Yes Sir, we've moved on since thi time of John Logie
    Baird, as you kin see,
thi screen is flet an thi structure is squared,
yi canna ask fir any mare.

This machine kin gee yi ower a hundred channels,
fae Jeremy Kyle to wild animals on thi Discovery Channel,
complete we a five year guarantee,
an a remote control.
John's haed near exploded an said,
'Eh kent Eh wiz on a roll.'

Thi cheery lookin chap
then vibrated, pulsated an played a tune,
pulled a device fae his tap pocket
an touched thi screen,
pressed a button an started talkin ti it,
o this boy wiz full o wit.

'Excuse me gentlemen,
Eh need ti tak this call.
It's that burd o mine,
we wir oot last nite, an Eh got blootered
on thi raed an white wine.

Eh'll be we you in twa ticks,
in fact Eh'll jist gee hir a text.'

Alexander then replies,
'An Eh invented that? How kin this be, thirs nae wires ti
  be seen?'

'Yes Sir, it bounces aff this thing called a satellite
day or nite,
bloody amazing if yi ask me,
its got headphones tae,
so yi kin go hands free.
Thi jist bounce it inta thi universe,
an wait fir it ti fah back doon ti earth,
(Eh really canna understand it all misel)
Em jist here ti sel it.'

So they twa wir still there when Eh left, still talkin ti that
  cheery chap
we 'Currys' embroidered on his tap.

BY MARK THOMSON
Thursday, January 2009
Tam: Em wired fir sound now

Thi Legends

There, stood in thi station, waitin on thir lift,
wiz a formidable sight,
radical thinkers in thir ane rite.

Thi cream o Scotland's futba managers.
Graham Souness wiz ragin an boilin,
cause he niver gits a mention,
a hot haed that niver made thi grade.

Here wiz Shankly, Stein, Busby, Fergie
an King Kenny Dalglish,
five men that yi jist couldna let aff,
or put on a leish.

We thir tactical skills an methodical wills,
an incredible thinkin sculls,
brung thousands through thir turn-styles
an managed in thir ane styles.

A delight ti be seen an still can be seen,
modern day generals, an green fields
are thir battle scenes.

They decided ti head ti David Beckham's
futba trainin camp.
Big Jock Stein said that David wiz too camp,
an behind his ears wet an damp.
Thir wiz too many wummen snappin at his heels,
an he wiz mare focused on his sponsorship deals.

Sir Alex said, 'He should never huv left Man U,
but Victoria seen Madrid an loved thi view,
an David started gittin ah they daft haircuts –
this drove me nuts.
He became a fashion victim,
an came across a wee but dim,
an Victoria went far too thin,
an now she's got a thick skin.'

Then Bill Shankly asked wha wiz managin Scotland
now-a-days.
Fergie shook his haed an curled his taes,
'Eh dinna ken', he says.
'Eh think it's Craig Levein,
but that remains ti be seen.'

Sir Matt says, 'Maybe we should ah put wir haeds
thi gither an put a team thi gither,
an fir once we'll hae that World Cup dream.'

So they nominated King Kenny,
ti thi borders he wid go doon,
an start his search
fir hame grown players in bloom.
An as if by chance
Robert thi Bruce came trottin roond
like a man aboot toon.

Kenny shouted, 'Hey, big man!
Huv yi got any room on yir mare,
fir anither one mare?

Eh heard that yi wir goin doon ti Melrose?
Is it ah rite if Eh heavy yir load?
Eh will keep yi company
on thi road.

Em in search o men
that will play thir herts oot fir thir country,
an really play fir thi shirts on thir backs,
an dae it passionately.'

'Jump on,' said thi Bruce,
'a man like that
wid go well as ane o meh
troops.'

So twa kings rode aff in search o true
Scottish herts.

Alex wid head back north ti thi Highlands
an scoor this rugged land,
adamant that he wiz still in command,
he wiz willin ti tak a stand
an tak a vote!

Big Jock stood up an put on his overcoat,
an said, 'Och he's done no bad,
let him think that he's in charge.
Eh will tak thi west coast,
with thi Proddies an thi Catholics
Eh kin work close.

Thi Clyde Eh wid love ti toast,
thi World Cup trophy,
we will proudly boast.'

Bill Shankly said he wad tak on thi east coast
fae Aberdeen ti thi Kingdom o Fife
an Bonnie Dundee,
he wid breed a new futba life.

Sir Matt wid be bang in thi centre,
on thi tap o Schiehallion,
ti ower see thi hail thing,
jist like bein in thi stand,
lookin doon on Scotland.

Sir Alex grunted a few times
an got put back in line,
he wiz reminded that he hid ti tak his place
in thi queue, he wizzna immortal yet,
he never hid his ane statue.

So these greats went ti tak up thir positions
on this monumental mission,
thi World Cup is in thi make-in
thi World Cup is oors fir thi take-in.

Jist wait an see
we are thi people
yi see!

BY MARK THOMSON
Monday, March 2010
Tam: Maybe one day

Rob Roy

Well Rob wiz delighted ti be back hame,
an didna look so peelie wally
eftir a guid swally.

He went rite back ti thi Trossachs whar he left aff,
ken, he wiz far fae daft.

He went aboot settin up his ane security firm
on a local ferm, he put an ad in *Thi Scotsman*
fir sum heavy hands ti exploit thi land.
But thir wiz nae money in thi cattle business
    any-mare,
he needed someone else ti gee a scare.

He got a few o his clan thi gither,
crossin tarmac instead o hither,
an headed across ti thi capital.
He had heard o a man named Fred,
that wiz a but o a criminal,
an his security wiz minimal.

He put back on his sheepskin coat –
Sir Fred Goodwin wiz gittin on his goat.

Rob wiz free ti roam again at last,
he hid a few tricks up his sleeve that
he hid learnt fae his past,
an seen that Fred wiz in need o sum protection,
we his £700,000 early pension.
Sir Fred hid left himself wide open
fir sum tauntin, pokin an jokin.

It wiz rennin, cald an windy,
when Rob scratched his car
an panned in his windees,
then wrote him a contract
in order ti claw sum public money back.
Thi very next day Fred signed on thi line,
an Rob nailed that swickin swine.
Now it wiz 'Fred thi Shred'
that wiz in shreds.

Rob hid his first customer on his books,
ane o his biggest crooks,
but then Fred bailed oot,
ower ti France nae less.
As yi kin imagine Rob wiz not impressed.
He managed ti git a lump sum afore
Fred fled,
but mare importantly Fred clyped,
as his days turned inta nites,
split thi beans on ah his colleagues in thi big city.
Spineless, when it came doon ti thi nitty gritty.

O he wiz quick ti confess, an gave Rob
ah thir names an addresses.

This wiz ah Rob needed ti ken
afore he descended on London,
plenty opportunities an rich pickins.

Next on his list wiz Mervyn King.
Now Rob's trade is boomin,
an his day we thi bankers
is loomin.

BY MARK THOMSON
Tuesday, January 2010
Tam: eh you're a belter Fred cheers!

Alexander Fleming

Alexander wiz keen ti find oot whut wiz happenin
on thi medical scene, an wiz stoppin people in thi street
askin fir a pharmacist,
he couldna wait ti see whut he hid missed.

Times had changed since his day,
every-buddie wiz in a hurry,
ah sharply dressed, full o thir ane importance,
an many jist ignored him.

Designer glasses seemed thi fashion,
lookin good wiz thir main attraction.
Fancy hats, coats an scarves, umbrellas
an men we bags an matchin scarfs –
whut a laugh!

They never kent that he hid saved so many,
his discovery changed thi face o thi planet,
an every man, wumman an bairn on it.

So he stood fir a moment an pondered
on sum thought an wiz proud
that it came fae a Scot!

On he ventured, eftir he pondered, an went fir a wander,
lookin fir a pharmacist,
wiz still on his list.

Just then he heard twa lads talkin affy loud,
an stood oot fae this sharply dressed crowd.

Ane hid on a shirt we green hoops,
nae teeth, an a puss fu o plooks,
but his mate hid a different look.

He hid sum teeth an no so many plooks,
he wore a royal blue top, trainin shoes an
trakkie bottoms tucked into his matchin
royal blue socks.

Thi lad we thi hoops wiz sayin that he wiz needin
a top-up o sum green,
he wiz shoutin that he wiz late fir thi chemist.
This wiz thi only thing at thi
tap o this man's list.
An thi ither lad we thi blue tap
wiz shoutin aboot blue vally 10s,
an seemed hell bent on gittin them.

Well Alexander shouted,
'Excuse me lads,
would you be willin ti help me
in my hunt fir some Penicillin?'

'Aye' thi said, thi lad we thi hoops
wiz quick ti his aid,
'Eh've actually got sum here freshly made,
fae Amsterdam
thir thi business,
ask meh mate Sam.

Thir called Pen 'e' cillan,
three fir a tenner if yir willin?'

'I see, but do they fight infections?'

'Eh, they'll fight any-thin yi like,
an yi'll be up ah nite.
Sam kin sort yi oot we sum blue vally 10s,
yi'll be ah-rite we them,
a pound a shot an ah yir problems will be firgot.
Yi ken these ir like hen's teeth,
we're thi only twa guys
that yi need ti meet.
Cum on Alexander we'll tak yi fir a treat.'

Alexander wiz intrigued, an agreed
ti follow this strange breed,
an thir habits that thi hid ti feed.
But their kinda drugs,
he did not need –
their motives wir pure greed.

They started houndin him fir money,
but Alexander hid nane,
an said,
'Can Eh try one on a trial run?'

Thi guy we thi hoops said, 'Ir you sum kinda wide-o?'
an put his bravado on show.
Threatened him we a rite hook,
an stared in his face we that junkie's look.
Ken thi ane we thi dodgie peeper,
an thi teeth that huv jist been nuked.

Alexander wiz stunned an thi junkie wiz stoned,
a 21st century pill popper,
an stood next ti him wiz Sam,
his clone.
Alexander thought,
many a bad seed hiz been sewn.

Again they threatened him,
thi depth o their addiction wiz showin.
Alexander trehd ti talk them roond,
but ah they kept sayin wiz,
'You're goin doon.'

'Git ah yir valuables oot yir pockets
an tak aff yir shoes,
Eh kin sell them ti ane o meh motley crew.
In fact Eh might wear them now,
they look brand new.'

Suddenly oot o thi blue,
Benny Lynch appeared, an knocked
that junkie on his arse
an oot his shoes.

Thir wiz blood splattered apon his hoops,
now a checkered board
we a brand new look.

He grovelled an said there wiz nae malice
in his pact,
but Benny hit him again,
an that wiz him
an that wiz that.

Well Sam tane ti his heels
but Benny wiz quick.
Yi shoulda heard him squeal,
'It wizna me mister,
he maks me deal.

Eh'll show yi whar he lives, Eh'll tak yi ti his hoose,
please mister dinna hit meh mooth,
honest mister, Eh speak thi truth.'

So Benny kicked his erse an sent him on his way,
an telt him,
'Thi next time you see me remember how Eh play.'
Awah he went whimperin like a pup,
an thi boy we thi hoops
is still oot his nut,
an still canna git up.

'Rite Alexander cum on, Eh'll tak yi ti Boots,
its only twa minutes
fae here on foot.'

Alexander wiz clearly relieved,
an wiz really impressed,
on how Benny bobbed an weaved,
he still hid a few tricks left up his sleeve.

Aff they went on thir way,
still laughin aboot thi bus journey,
an whut ah-buddie hid ti say.

Benny left Alexander on Sauchiehall Street,
rite oot-side Boots,
an he headed back ti thi Gorbals,
rite back ti his roots.

BY MARK THOMSON
Tuesday, February 2010
Tam: Ooya!

Thi Big Yin an Rikki Fulton

Well these twa jokers wir used ti wise cracks,
Rikki an Billy wir twa class acts.

Thi Big Yin wiz pullin in worldwide gigs,
an Rikki couldna wait ti tak thi stage again.
He wiz back on form an bang on we his lines,
back ti his former glory an great times.

Thi twa o them decided ti head fir a jar,
but first nipped in fir a kerry-oot, oot thi Spar,
fir a swally in thi hoose later on.
Billy, we his banjo, hid promised us a song.

Aff thi headed inta thi city centre,
like twa bold boys they did enter,
but boy, did they entertain.
Thir humour wiz well explained an thir audience
wiz captivated an detained.

Thi twa o them ended up in places whar thi did begin,
Billy went ti whar he played we Matt McGinn,
Matt kin tell a tale but he couldna sing.

Rikki played Francie an Josie,
thi wir causin a stooshie whar ever thi went,
comedy spewed oot thi vents,
an thi punters thought
it wiz time well spent.

Thi left them ah in stitches, withoot
visitin a hospital bed,
telling jokes ti singles, couples an newly-weds.
Close ti thi bone an on a thread,
an hecklers wir torn ti shreds.

Billy hid on his banana baets,
he hid ah-buddie in fits an states.
Rikki done his classics tae,
fae his bunglin copper ti
thi Reverend Eh Am Jolly.

Thi twa o them tane thi simple things in life
an analysed them twice.
Put reality under thi knife
an cut awah ah yir troubles an strife,
an put a but o happiness
back in yir life.

Well they went doon a storm
in every boozer they went in
Rikki got fu an Billy wiz topped up ti thi brim,
twa comedy twins.

Thi went ti Jongleurs an blew thi raef aff
we sum quality gags,
then thi ended up in Thi Stand
on thi main spot
jist ti finish things aff.

Now that's whut Eh call a laugh!

BY MARK THOMSON
Tuesday, April 2010
Tam: Comedy at its peak tak a leak.

Sir Walter Scott an thi Tale o Tam Tamson

Sir Walter wiz amazed we ah thi activity
when he stepped aff thi bus,
so he sat doon an yazed his poetic gift o
observation an conversation
to tane in thi 21st century.

He seen thi pickpocket ready ti mak thi lift,
an weary travellers strugglin
we thir baggage ti lift,
an twa junkies in a rage,
an *Thi Sun* we twa tits on its page.

Thi doos wir still coo-in,
an thi men wir still boozin,
thi bookies wir still winnin,
an thir punters still loosin.

Thir wiz a guy we a spontaneous combustion machine
ti peel chewin gum aff thi street ti mak them clean.

Then there wiz a whisper in his ear,
'Hullo meh name is Tam,
it wiz me that brought you here.
Rite Sir Walter,
yi canna hing aboot here!'

Yi fancy a cup o coffee in thi buckie?

Cum on,
cum an meet thi squad.
Eh wiz brought up we sum o them
fae Eh wiz a lad, plenty material fir yir pad.

Em no due back on shift til 20:10
Eh've got some time ti kill til then.'

Sir Walter said, 'Are you sure young man?'
An Eh said, 'Of course Eh am.'

So inta thi buckie they went, Sir Walter equipped
we his pad an his pen.
He wiz quick ti notice
how willin they wir ti share thir stories,
on thir past an present misfortunes an glories.

Tam introduced him ti thi cast,
whilst thi tea an coffee flowed
an Sir Walter penned thi show.

Thir wiz a guy called Eck,
wha wiz bigger than life,
he hid a wee laddie we his second wife
an she wiz thi love o his life.

He spoke endlessly o his colourful times,
an Sir Walter wiz no far behind
in fillin in these lines.

He telt a tale o when he wiz at skail
bein left handed an bein set up ti fail.
Not knowin he wiz dyslexic an bein classed as thick,
added mare dough ti his mix,
an how thi strap wrapped aroond his wrist.

But he wiz quick ti move on,
his conversations wir brisk,
so animated we his hand an fist
thi education system he never missed.

Then his mate called Ronnie
telt a tale aboot how he used ti earn money
sellin dodgy dusters ti suburban housewives,
causin chaos atween men an thir wives.
He sold every-thin fae pot brushes ti kitchen knives,
an sharp ti nail a price.

His ither stories wir indecent,
an Eh refuse ti tell them twice.

Thir wiz anither guy called Andy,
wha worked on buildin sites,
an telt a tale o thi builders' rites.

He asked three guys how they mixed thir cement:

Thi labourer reckoned three sand an one cement,
thi joiner reckoned two cement an one sand,
an thi brickies' labourer said,
'It depends on thi brickie an how he likes his consistency,'
an that's whut Andy hid ti say.

Thi final tale wiz Tam's,
an his dealins we thi law,
fir many years he went dancin we thi deil,
his problems he never saw.

Fir-ever fightin we nite club bouncers,
too heavy fir him in stones,
never mind thi pounds an ounces.

Losein battles ower tittle tattles,
unable ti choose his battles,
anger raged an thi deil did rattle.

Went wild fir ten years an locked awah
his hopes, dreams an fears,
put on a mask, a decade wid complete that task.
But then sum searchin questions
ti himself he did ask,
he niver got his answers rite away –
then he confessed ti writin poetry!
Ane day he seen thi rest o thi canvas,
an thi bigger picture appeared oot o thi blue.

Well thi buckie wiz in shock,
an ah thi conversations jist stopped.
Tam went on ti say how writin wiz his rock.
Then Eck said, 'Whut, you write doon yir thoughts?'
Tam said, 'Eh, storylines an thir plots,
ah based on meh fellow Scots.'

Eck said, 'Is it no lassies that jist dae that?'
An Tam said, 'Apparently not!'

Sir Walter piped up an said,
'Tam please dinnae stop.'

He then whispered in Tam's ear,
'Let these men fir–ever bite thir tongues
an only think thir thoughts
ti say ti thir loved ones.'

Then Ronnie seen an opportunity
ti save himself sum money.
'Here Tam, kin yi no write me a poem
fir me an thi wife's anniversary,
that wid mak hur day.'

An Andy said, 'Kin yi no write me ane tae,
fir meh son on his birthday?'

Tam said, 'Look Eh dinna ken,
Eh canna dae it now,
Eh need ti board
thi 20:10.

Thanks a lot Sir Walter but Eh need ti head,
Eh'll look forward sumtime ti read whut you've wrote.
So see yi later fir now,
his any-buddie seen meh coat?'

BY MARK THOMSON
Monday, January 2010
Tam: Whut a bra boy that Sir Walter is!

Connery on thi Contrary

Well, Sir Sean wiz ragin that nae-buddie wid tak him on,
an got aff thi bus like a lame sheep.
Nae-buddie could understand his bleats
or his political needs –
pretendin that his hert bleeds.

He hid a chopper waitin at Buchanan Street,
so he didna dirty his feet.
straight ti Holyrood
ti tak his saet,
ti gee a political talk whilst suckin on Alex Salmond's socks.

He gave him a bell fae thi station,
an we ah heard his frustrations,
constantly complainin aboot
thi bus journey hame.

'You know, Alex, we need ti use oor political clout,
That Donald Dewar has placed me in doubt.

I've never been so embarrassed in all my life
I got told not once, but twice,
an got pelters rite across thi Kingdom o Fife –
an it's not fair that Donald actually gets to
live twice.'

'This is extremely embarrassin,
Alex, you need ti help me,
that Donald Dewar is hauntin me –
can he take my knighthood off of me?

I know I've been livin in thi Bahamas
but every nite I put on my tartan pyjamas.'

'Yes Sir Sean, jist jump in yir chopper,
git across here an will see if
we cum a cropper.

But I think that yi need ti give Donald a lift,
just a courtesy gift.
Yi can't leave thi father o thi nation
stranded in thi station,
this will endanger my occupation.
Cum on Sean, show sum compassion.

After all yi've not been in thi country
fir a while, yi've been in tax exile.'

'Too late Alex, I am in thi air,
I'll see you there, an remember thi red carpet and thi
    piper,
and plenty o paparazzi,
and have you got a speech prepared that I might say?'

'Yes Sean, it's an extract from when I played
thi Reverend Eh Am Jolly.
We said yes we can,
an thi punters said
no you canna.

You've done it now Sean,
you will have to deal with Donald's scorn,
and I think yi will find yourself
void of form.'

'Yes well, by thi time Donald gits thi train
I will be done an dusted
and on my road hame.
Back to thi Bahamas in bed
and in my tartan pyjamas.'

BY MARK THOMSON
Thursday, December
2009
Tam: Deary deary me Sir Sean!

Donald Dewar

There wiz thi father o thi nation,
stranded in thi station,
but Donald wiz gled ti be back hame.
An he said, 'I see public transport
is just thi same.

I need to get to Holyrood before Sir Sean
mothers his brood, just like I knew he would.

I knew he couldn't be trusted with his knighthood,
pokin his nose into politics an livin on foreign shores.
He's a double agent playin on
what thi public adore,
bringin Hollywood ti Holyrood –
that's twa different doors.

Well there's one thing that he's not got
an that's his ane train fae ah his fame.

I think I will jump in a taxi rite ti Queen Street Station,
straight ti Holyrood an again, I could
father thi nation.

I cannot wait ti hear whut Sir Sean has to say,
after all he spoke sum nonsense on thi bus journey.

I need to talk to his rugged lug,
before I gently pull thi plug.
O Sir Sean, you're gonna be left standin
in a dry dub.'

Donald went full speed ahead
like Thi Flyin Scotsman,
lookin to put Sean in an
early bed.

He arrived at Holyrood
but Sir Sean wiz nae-whar ti be seen,
there wiz jist thi smell o his cologne,
no stone o destiny – it wiz called Scotch mist,
Donald hid missed his pitch
an Sir Sean wiz lost in thi mist.

His chopper blew a wind an gale,
back ti thi Bahamas his ship did sail.
Like a true double agent,
he left we nae scent.

But there wiz Alex talkin aboot Scotland's rite,
well Donald set this up,
an there wiz Alex chancin his luck,
sayin that he hid been left we a footless task.
Sir Sean left him we a big ask,
an a shooglie peg fir his coat,
he seen Donald cumin an buried
his haed in his notes.

'Sorry Donald, but Parliament is aboot ti start,
Eh've got politics doon ti a fine art.
Eh'll see yi later fir sum denner,
Sir Sean left me a tenner.

But do feel free a hae a look aroond,
an Eh'll be we yi fairly soon.'

Donald went fir a wander aroond thi parliament,
how he missed politics an hated bein absent.
But his memories wir sweet.
Donald's journey wiz complete.

BY MARK THOMSON
December 2010
Tam: *RIP Donald*

Gordon Broon

Gordon is in thi middle o thi credit crunch,
while the bankers sit doon ti a slap up lunch.
He introduced 'quantative easing',
it sounded aesthetically pleasing,

even although nae-buddie kent
whut it meant.

Yi kin say whatever yi whant
when yir thi government.

But hats aff ti Gordon,
wha woulda thought,
that thi Prime Minister in Westminster
would be a Scot.

BY MARK THOMSON
Tuesday, April 2010
Tam: No any mare now – but he still got a shot.

Jackie Stewart

Jackie is still dain thi circuit,
one weh or anither.
It really disnae matter aboot thi weather,
he done things back ti front,
but ayewiz ended up in pole position.
I tane my line and he tane his.
We were baith rite,
life is but a quiz.

BY MARK THOMSON
Tuesday, April 2010
Tam: Hats aff ti him.

Charles Rennie Mac

Charles stepped aff thi bus
an immediately combed his hair,
it wiz pointless dain this on thi bus
when thi Bruce an thi Wallace wir there.

Aye, he wiz way beyond their time
in craft an buildin design.

He thought that he wid go an visit his masterpiece
in Dalhousie Street,
but instead wiz struck dumb in his tracks –
appalled at thi design o Buchanan Street.

He seen that modern architecture wizzna that grand,
stane an mortar nae langer dominated the land,
it wiz ah metal an gless.
Charles wiz not impressed,
even in thi manner in how people wir dressed
when thi wir meant ti be in thir best.

He wiz in George Square stare-in in thi air,
perfect wiz his hair.
He said that he liked things neat,
thir wizzna enough light cumin in aff thi street,
an a lack o vision made this structure incomplete.
Thi archictects never got a chance ti show
thir creative streaks.

He wiz needin a cup o tea so went ti thi Willow Tea Rooms.
We a latte, sum oatcakes, an brie,
through his past he could see.

He pondered on his visions,
made his mind up an hid concrete decisions.

He wiz gonna re-invent himself,
ti create anither art revolution,
his boundaries
he wiz still pushin.

In this, his second time roond,
he planned ti regenerate thi toon,
when oot thi blue Benny Lynch sat doon.

'Well, hullo there Charlie,
fancy meetin you here!

You should cum we me doon ti thi Gorbals,
we could dae we you doon there!'

Charlie pondered again on sum thought
an decided there an then on thi spot,
that he wid go ti thi Gorbals
we Benny Lynch an re-build it,
fut by fut, an inch by inch.

A new project he hid landed,
an Benny wiz handy in bein heavy handed,
a partnership wiz branded.

They twa hid thi brawn an thi brens,
thi Gorbals wid niver be thi same again.

BY MARK THOMSON
Monday, March 2010
Tam: eh whut a pair!

Burns Returns

Rab decided ti go back ti his place o birth,
whar witches an warlocks lay in thi mirk.
So back ti Ayrshire Rab did wander,
hitched a lift,
nane did he squander.

Alloway wiz thi place whar he wiz headin,
he got a lift fae twa Poles,
wha wir pickin tatties an berries
an milkin coos in thir steadins,
Rab and them hid sumthin in common.

Rab regaled them we his finest verse,
a better bard niver walked this earth,
made his ane fire an sat,
at his ane hearth.

They couldna understand a wurd he said,
but they did treh ti converse.

Rab convinced them that he had a weak bladder
an had ti visit thi nappy,
Eh've niver seen a man so happy.

Every pub that they did pass,
Rab got oot fir a wee low flyer,
just a dash.
He said 'Eh'll be back in ten,
an dinna wurry, Eh'll be back ti see you, hen.'
He let her see that glint in his een,
she wiz hooked, fine and clean.

Soon Alloway wiz drawin near,
it wiz time ti lave this fair maiden
– afore he got a hidein.
Rab's mission wiz ti go back
an visit his tender years,
but he did tak time ti whisper
in that fair maiden's ear.

Now stood in ah his glory,
rite outside his auld clay biggin
fae whar ah his tales did begin,
on thi high street in this wee toon,
jist up thi road fae Brig o Doon.

Withoot further ado
he went ti tak a look inside.
Thir wiz a man on thi gate wha said,
'Sorry Sir, you've no paid,
excuse me Sir, I don't mean to cause a fuss
but its £5 to get in,
this hoose is owned by thi National Trust,
tea an scones that cost a fortune complete we a café –
a tourist attraction.'

Rab replied,
'O look here laddie,
Eh forgot ti mention meh name.
It's Robert Burns an
this is meh hoose, meh hame,
whar meh fathir worked in vain.'

'Yes Sir, we are all passionate about thi national bard,
and I take it for you, times are hard.
I could tell you a tale or two
about how many people say that they're you.

But I must say
there's a slight resemblance in your face,
as if, like him, you have fell from grace.

Tell you what, if you're short o money
I can sort you out with a gig –
jist up the road from thi brig.
In Alloway Burns' Federation Club,
there's an open mike session in thi pub.

I'll give you £20,
it starts at 8 o'clock tonite,
let's hear if your spoken wurd will sound rite.'

'O dinna worry aboot that.
£20, in meh hand, on thi nose, square,
aye, yi kin coont me in.'

Well it hid been a while since he hid performed,
a wee but rusty aroond his vocal chords.
So he grabbed thi bull beh thi horns,
we his cutty sark
an breeks ah torn,
but a Bard Rab wiz
a Bard fae he wiz born.

'Eh kin pay aff meh £10 debt,
that damn publisher will be squared up
at last,
an that'll be me set.
Eh'll hae a tenner left,
enough fir a wee kerry-oot,
but first Eh need ti get sum digs fir thi nite
sorted oot.'

Thi gig went doon a storm,
Rab wiz truly back on form.

Thi Federation thought he wiz great,
an a credit ti thi Bard o thi nation,
signed him up we a membership
there an then,
an presented him we a Parker Pen.

'Eh normally scribe we ink and quill.'
Thi Federation laughed at will,
but Rab tane it in his stride,
still he wiz lookin fir a place to bide.

Ah-thin wiz shut,
apert fae thi Spar an Pizza Hut,
he got himself eight tins o Tennent's fir six quid
an left himself four quid for a pizza,
but then he thought whar will Eh eat and drink it, sir?

Jist then, Rab passed Kirk Alloway,
there wiz a place that he kin pass thi time awah.
He thought ti go an see his fathir's stane,
an thanked his fathir fir showin him nature,
an how ti tend ti thi land.
An thanked his mother
fir thi sangs she sang.

An how a simple life
can be thi essence o life.
We ah love ti complain.
Rab fell asleep
on his mither and fathir's stane,
Rab's reason fir cumin
back hame.

BY MARK THOMSON
Sunday, May 2009
Tam: When ir you comin hame?

Bard fae thi Building Site

Mark Thomson
ISBN 978-1906307-14-1 PBK £7.99

Mark Thomson's powerful debut collection celebrates all things Dundonian; its people, its mills, its schemes, but above all its dialect. Writing solely in his 'mither tongue', Thomson demonstrates the flexibility of his native language in dealing with subjects from drug addiction to Scottish history to a man trying to chat up a woman. An intelligent discussion of working-class life, *Bard fae thi Buildin Site* is passionate and funny, tackling serious social issues as openly as love for one's family.

At last – a strang young voice fae Dundee.
MATTHEW FITT

[Mark Thomson's poems] have a truth in them that comes directly off the page.
TOM LEONARD

A book that doesn't pull any punches... working class poetry at its finest.
Jack McKeown, THE COURIER

Details of this and other books published by Luath Press can be found at: **www.luath.co.uk**

Luath Press Limited

committed to publishing well written books worth reading

LUATH PRESS takes its name from Robert Burns, whose little collie Luath (*Gael.*, swift or nimble) tripped up Jean Armour at a wedding and gave him the chance to speak to the woman who was to be his wife and the abiding love of his life. Burns called one of 'The Twa Dogs' Luath after Cuchullin's hunting dog in Ossian's *Fingal*. Luath Press was established in 1981 in the heart of Burns country, and is now based a few steps up the road from Burns' first lodgings on Edinburgh's Royal Mile.

Luath offers you distinctive writing with a hint of unexpected pleasures.

Most bookshops in the UK, the US, Canada, Australia, New Zealand and parts of Europe either carry our books in stock or can order them for you. To order direct from us, please send a £sterling cheque, postal order, international money order or your credit card details (number, address of cardholder and expiry date) to us at the address below. Please add post and packing as follows: UK – £1.00 per delivery address; overseas surface mail – £2.50 per delivery address; overseas airmail – £3.50 for the first book to each delivery address, plus £1.00 for each additional book by airmail to the same address. If your order is a gift, we will happily enclose your card or message at no extra charge.

Luath Press Limited
543/2 Castlehill
The Royal Mile
Edinburgh EH1 2ND
Scotland
Telephone: 0131 225 4326 (24 hours)
Fax: 0131 225 4324
email: sales@luath.co.uk
Website: www.luath.co.uk